ゆびあみと
かぎ針で編む

エコたわし&クリーナー

はじめてのあみもの BOOK

minao（横田美奈）

はじめに

エコたわしって、知っていますか?

食器洗いやお風呂場のそうじにも使える、とっても便利なたわし。

洗剤をあまり使わなくてもキレイになる、地球にもやさしいたわしです。

だから「エコたわし」っていいます。

エコたわしは、アクリル毛糸という毛糸を使って作ることができます。

この本では、特別な道具を使わなくても指で編める「ゆびあみ」、

編み物本格派の「かぎ針編み」、の2種類の編み方を紹介しています。

たくさんの作品から、好きなものを作ってください。

1本の毛糸がいろいろな形になる楽しさを、

おうちの人やお友達と体験して、手芸好きさんになってほしいです。

横田美奈

もくじ

PART 1
ゆびあみにチャレンジ！

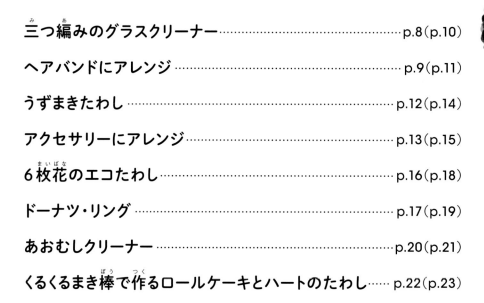

PART 2
かぎ針編みにチャレンジ！

【基本レッスン】

※（　）内は作り方ページ

♪ わー
だんだん編めてきた〜

ゆびあみに チャレンジ！

指だけで編めちゃう「ゆびあみ」。

指をくぐらせているだけで、いつの間にか編めてる！

ゆびあみした3色を、
三つ編みしたグラスクリーナー。
コップの底まで届いて洗いやすいよ！
作り方…10ページ

ヘアバンドに
アレンジ

結ぶとヘアバンドになるよ。
結び目をゴムに替えてもいいね!
作り方…11ページ

三つ編みのグラスクリーナー

▶ 使用糸（1枚分） ハマナカボニー
　ベージュ（417）、薄茶（480）、こげ茶（419） 各10g
　ライムグリーン（495）、ピーコックブルー（608）、赤紫（499） 各10g

アレンジ!

🧶 ゆびあみの編み方を覚えよう（平らに編む方法）

1 糸を人さし指にかけ、親指と中指で糸のはしを持ちます。

2 左手にかけた糸に、右の人さし指を糸の向こう側から手前に巻きつけます。

3 ループに親指も入れ、糸玉側の糸をつまんで引き出します。

4 つまんだ糸を引き出し、ループを作ります。

5 ループを左手の親指にかけます。

6 糸を、人さし指と薬指の前を通るように指にかけます。

7 次に糸を薬指と人さし指の後ろを通します。

8 糸を手のひらの、いままでの糸の上に渡します。

9 人さし指の下の糸を持ち、人さし指をくぐらせます。

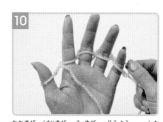
10 中指、薬指、小指も同様に、下の糸をくぐらせます。

11 糸を前に渡します。

12 小指から、下の糸を指にくぐらせます。

13 同様に、薬指、中指、人さし指の順に、くぐらせます。

14 糸を手のひらに渡し、9〜13と同様にくり返します。

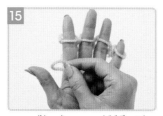
15 2〜3段を編んだら、親指の糸を外します。

16 はずした糸を持って、裏側に引きます。裏側に編み地ができます。

17 引っ張ると、編み地が引っ張られ、絞れて整います。

18 必要な長さを編めたら、糸を30cmくらい残して切ります。

19 糸を手の前に持ってきて、小指の下の糸をくぐらせてから、かかっている糸を引き出します。

20 他の指も同じように、かけて引き抜きます。指から外れました。

三つ編みのグラスクリーナー　作り方　※好きな色の毛糸で編んでね。

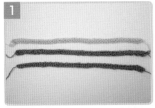

1 50cmずつ、色違いで3本編みます。

2 3本の残り糸を合わせて結びます。

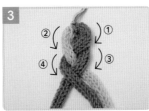

3 ①、②、③、④の順に、糸を真ん中に持ってきてクロスさせ、三つ編みを編みます。

4 編み終わったら、残り糸をまとめてひと結びにします。

5 二つ折りにして結びます。

6 残り糸は10cmくらいのところで切ります。

7 残り糸は、同じ色の編み地の中に入れ込みます。

8 でき上がり。

【ヘアバンドにアレンジの仕方】

1 ヘアゴムを図のように結びます。糸はしをゴムに通します。

2 結びます。

3 もう一方もゴムと結びます。糸はしは同じ色の編み地の中に入れ込みます。

4 でき上がり。

a

b

c

うずまき
たわし

ゆびあみした編み地をぐるぐると
うずまきにします。
持ちやすい丸い形のたわしです。

作り方…14ページ

ボタンやビーズをつけて
ブローチにアレンジ。輪にして
ブレスレットでもカワイイ！

作り方…15ページ

アクセサリーに
アレンジ

うずまきたわし

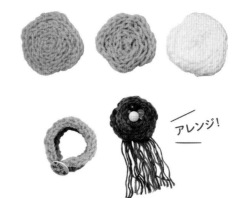

アレンジ！

- ▶ 使用糸（1枚分） ハマナカボニー
  - ⓐ アイスグリーン（607）9 g
  - ⓑ アクアブルー（609）9 g
  - ⓒ 白（401）9 g
  - ブローチ ハマナカディーナ青紫（5）6 g
- ▶ 資材 アレンジ（1個分）
  - ブローチピン 6cm　1個
  - ビーズ 15mm　1個、10mm　2個、6mm　3個
  - ブレスレット用ボタン 30mm 1個

🧶 作り方

1 10ページの平らに編む編み方で、40cm編みます。

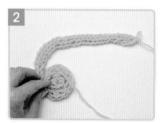

2 はしからくるくると巻いていきます。

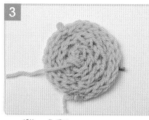

3 まち針で固定します。

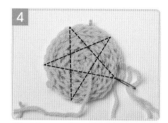

4 残り糸をとじ針に通し、点線のように糸を通します。

5 糸が終わるまで通します。

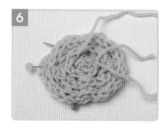

6 もう1本の残り糸もとじ針に通し、同様にさします。

7 でき上がり。

【アクセサリーにアレンジ】

🧶 ブローチ 作り方

1 お気に入りのビーズを用意します。

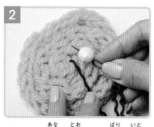

2 ビーズの穴に通るとじ針と糸を使い、ビーズに通します。

3 ビーズをぬいつけていきます。

4 ほかのビーズもぬいつけます。

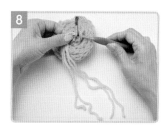

残りの糸を裏に出して、ブローチピンの針ではないほうをぬいつけます。

最後は、針先に糸をくるっとかけてとめ、糸は玉どめします。

ブローチピンがとまりました。

編み地にかぎ針を入れ、20cmに切った糸2本を半分に折り、かぎ針で引き出します。

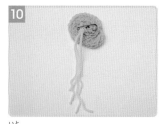

かぎ針に糸をかけ、わをくぐらせます。

糸をしめてフリンジ1つができました。

3本つけたら切りそろえます。

でき上がり。

🧶 ブレスレット 作り方

10ページの平らに編む編み方で、20cmを2本編みます。

2本合わせてわにして結びます。

残り糸をとじ針に通し、ボタンをつけます。

結び目にボタンをぬいつけます。

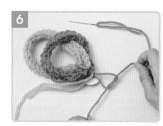

ボタンに2回ほど糸を通し、ぬいつけます。

ボタンをつけた糸は、同じ色の糸と結びます。

残り糸は同じ編み地の中に入れます。

でき上がり。

6枚花の
エコたわし

ふわっとかわいいエコたわし。
花びらが6枚のお花の形。
作り方…18ページ

b

a

c

b

a

c

やわらかいリング状のエコたわし。
鏡やパソコン画面をふくのに最適!
作り方…19ページ

ドーナツ・
リング

6枚花のエコたわし

▶ 使用糸（1枚分） ハマナカボニー
- ⓐ ビビッドピンク（601）、ⓑ ライトブルー（472）、
- ⓒ レモン（432） 各15g

🧶 ゆびあみの編み方を覚えよう（筒に編む方法）

1. 指を少し立てて、糸を中指、小指にかけます。

2. 次に糸を人さし指、薬指にかけます。

3. そして親指にかけ、1・2でかけた糸の上にぐるりと糸を一回りさせます。

4. 親指の下の糸をつまんで、矢印のように親指をくぐらせます。

5. 親指をくぐらせたところです。

6. 次に人さし指をくぐらせます。中指、薬指も同様にくぐらせます。

7. 小指までくぐらせます。

8. また糸をぐるりと手に回し、4〜7と同様に下の糸をつまんで指をくぐらせます。

9. 何回かくり返すと、手のひらに編み地ができてきます。

10. はしの糸を引くと編み地がしまって、きれいに整います。

11. 必要な長さを編めたら、糸を40cmほど残したところで切ります。

12. 切った糸はしを指にかけます。

13. 下の糸を指にくぐらせます。

14. 下の糸をはしまで引っ張り出すと、糸が指からはずれます。

15. 順にそれぞれの指も同様に糸をはずしていきます。

16. 全部指からはずれました。

🧶 6枚花のエコたわし　作り方

1 筒に編む編み方で、40cm編みます。

2 二つに折り、先を結びます。

3 まん中で結びます。

4 片側を3分の1ずつ折ってまち針でとめます。

5 編み地の外側を通して対角に結んでとめます。

6 もう一方も同様に折って結びます。

7 とじ針に残り糸を通し、中に入れ込んで、きわで切ります。

8 でき上がり。

🧶 ドーナツ・リング　作り方

▶ 使用糸（1枚分）　ハマナカジャンボニー
ⓐ ピンク（33）、ⓑ 茶（30）、ⓒ 黄（11）各25g

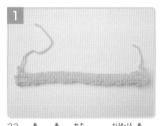

1 筒に編む編み方で、30cm編みます。

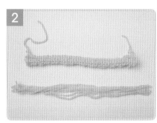

2 30cmの糸を7～8本用意します。

3 筒の中に用意した毛糸をつめます。

4 残り糸をとじ針に通し、はじめと終わりをぬいつなぎます。

5 ドーナツ形になりました。

6 余った糸は中に入れ込み、糸をきわで切ります。

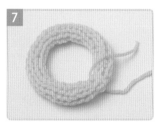

7 20cmに切った糸で、くぼみを作るように6～8か所結びます。

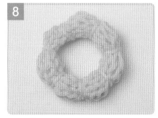

8 でき上がり。

あおむし クリーナー

かわいいあおむしのクリーナー。
ドアノブをふいたり、
ガラスをふいたりしてね！

作り方…21ページ

あおむしクリーナー

▶ 使用糸（1枚分）　ハマナカボニー
ライムグリーン（495）10 g　レモン（432）5 g　黄緑（476）5 g
ビビッドピンク（601）1 g　こげ茶（419）40cm

作り方

1
ライムグリーンの糸で、18ページの筒に編む編み方で8〜10段編みます。糸を切ります。

2
レモンの糸を結びます。

3
もとの残り糸は、中に入れ込みます。

4
レモンの糸で編みます。

5
レモンの糸が編めたら、黄緑の糸を結んで編みます。

6
ライムグリーンの糸で頭まで編んだら、糸を切って指からはずします。

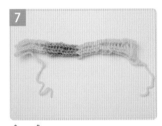

7
編み上がったところです。

8
糸をつめます。編んだ色と同じ色の糸をつめましょう。

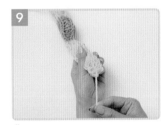

9
引きしめます。

10
残り糸をとじ針に通し、中にくぐらせきわで切ります。

11
色替えしたところを赤い糸でリボン結びにします。

12
顔の刺しゅうをします。触角部分は1.5cmのループに。

13
目は玉どめして根元に針を入れ、もう一方に出して玉どめします。

14
口は横に糸を渡します。

15
口のはしで糸を1回ひっかけます。

16
中をくぐらせて糸をきわで切ります。

くるくるまき棒で作る
ロールケーキと
ハートのたわし

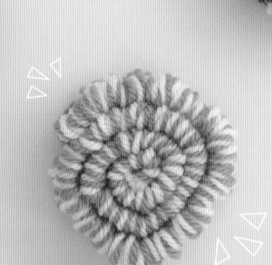

棒に毛糸をぐるぐる巻いていきます。
それをロール形にしたり、
ハート形にしたり。
作り方…23ページ

くるくるまき棒で作る
ロールケーキとハートのたわし

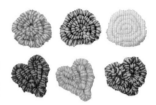

▶ 使用糸（1個分）　ハマナカボニー
ロールケーキ 生成り（442）30ｇ、レモン（432）、ピンクオレンジ（605）、薄茶（480）　各10ｇ
ハート 生成り（442）50ｇ、ピンク（465）、チェリーピンク（604）　各25ｇ
▶ 使用用具　くるくるまき棒（7251）　2本

🧶 ロールケーキ 作り方

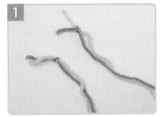

1 糸を1.5mずつ切り、はしを結びます。これがガイド糸です。

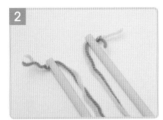

2 くるくるまき棒の先の溝に、結び目を引っかけます。

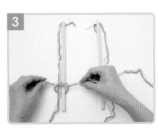

3 別糸で、下のほうをしっかりと結びます。

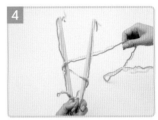

4 8の字を描くように、巻きつけていきます。

5 ぎゅっとしめながら、巻きつけます。

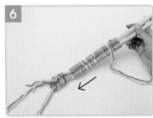

6 上まで一杯になったら、棒の下のガイド糸へ落としていきます。

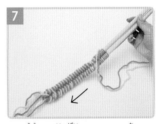

7 また上まで一杯になったら落とすという作業を3回ほど行います。

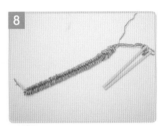

8 40cmくらいになったら棒からはずします。

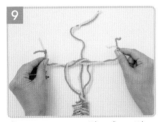

9 巻きつけたほうの糸を切り、糸はしを結んでとめます。

10 結んだところから巻き、はじめの糸はしも中に巻き込みます。

11 何か所かまち針でとめ、糸はしをとじ針に通し、点線のように糸を通します。

12 残りの糸も同様にして、糸はしはきわで切り始末します。

🧶 ハート 作り方

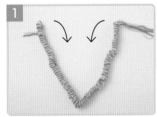

1 ハート形の場合は、二つ折りにします。

2 両はしから巻きます。

3 何か所かまち針でとめ、糸はしをとじ針に通し、点線のように糸を通します。

4 残りの糸も同様にして、糸はしはきわで切り始末します。

むずかしいけど

編めてきたー。

PART 2
パート

かぎ針編みに
ばり あ

チャレンジ！

編む道具の「かぎ針」を使って編んでみよう！
あ どうぐ ばり つか あ

いろんな模様ができて楽しい!!
もよう たの

道具と材料

1 ハマナカネオクリーン
わたわた
抗菌防臭素材でできたわた。あみぐ
るみなどの中につめます。

2 くるくるまき棒
編まずにくるくる巻いて、エコ
たわしを作れる便利グッズ。
（内藤商事株式会社）

3 かぎ針
毛糸の太さに合ったかぎ針を
使います。6/0号、7/0号、8/0
号、9/0号などと表します。

4 ジャンボかぎ針
太い毛糸を編むとき
に使います。太さを
7mm、8mmなどと表
わします。

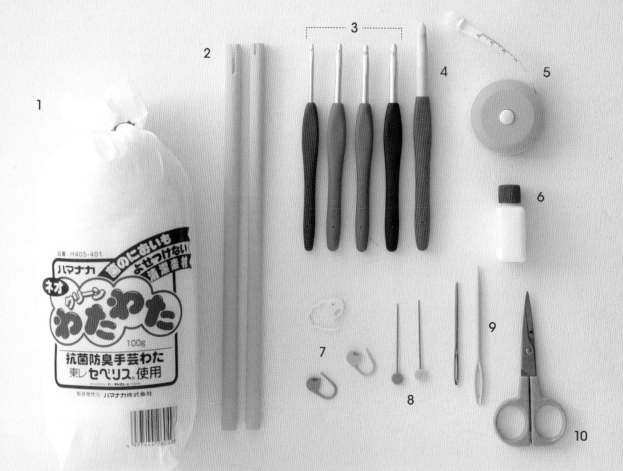

5 メジャー
編み地の寸法を測るのに使
います。

6 接着剤
編み地を貼りつけるときに使
います。

7 段数マーカー
立ち上がり位置などに目印に
つけておくと便利です。

8 まち針
編んだパーツをまち針でとめ
て、とじつけるときに使います。

9 とじ針
各パーツをとじつけたり、糸始
末をするときに使います。

10 手芸用はさみ
糸を切るときに使います。

本書で使った毛糸

1 ハマナカラブボニー

ボニーよりやや細めの並太。抗菌・防臭加工でたわしや雑貨に適しています。

2 ハマナカボニー

抗菌・防臭加工を施してある並太タイプ。洗濯しても縮まず、乾燥が早いので、エコたわしに最適。

3 ハマナカジャンボニー

ボニーの2倍の太さの超極太タイプ。ボリューム感のある作品におすすめ。

4 ハマナカディーナ

アルパカ混の起毛糸にウールを巻きつけた深味のあるグラデーションカラーの毛糸。洗濯機で丸洗いもできる。

🧶 かぎ針編みの基本

糸の出し方

内側から糸はしを出します。

糸のかけ方

1

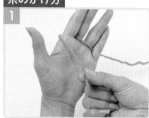

糸はしを右手に持ち、小指と薬指の間から糸を出し、人さし指にかけます。

2

左手の親指と中指で糸はしを持ち、針は右手の親指と人さし指で持ち、中指を軽く添えます。

糸に針を当て、手前に針を回転させて針に糸を巻きます。

鎖編みの編み方

1

針に糸を巻きます。

2

輪の根元を親指と中指で押さえ、針に糸をかけます。

3

かけた糸を引き出します。

4

2～**3**をくり返して鎖が3目編めました。

わの作り目

1

指2本に糸を巻きます。

2

巻いた糸に針を入れ、下から針に糸をかけます。

3

かけた糸を引き出します。

4

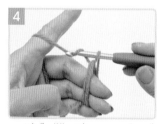

もう一度、針に糸をかけて引き出します。

5

最初の目ができたところ。この目は1目とは数えません。

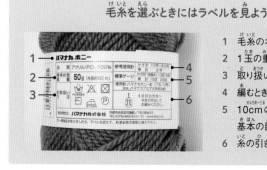

毛糸を選ぶときにはラベルを見よう

1 毛糸の名前
2 1玉の重さ（長さ）
3 取り扱いの注意点
4 編むときの針の号数
5 10cmの四角に編んだときの基本の目数と段数
6 糸の引き出し方向

28

この本で使うかぎ針編みの編み記号

かぎ針編みは、「編み図」にしたがって編んでいくと、丸くなったり、四角くなったり、
いろいろな形に編むことができます。編み図に使う基本の記号を覚えておくとよいでしょう。

 [鎖編み]

1 糸はしを少し残して左手にかけ、針先で矢印のようにすくって輪を作る。

2 糸が交差した部分を押さえながら、針先に糸をかけて引き出す。

3 糸はしを引っ張る。これは1目には数えない

4 針先に糸をかけ、輪の中に引き抜く。

5 1目編めたところ。

× [細編み] ※立ち上がりは鎖1目で、目数には数えない。

1 鎖1目で立ち上がり、作り目の1目め裏山をすくう。

2 針先に糸をかけて引き出す。

3 針先に糸をかけ、針にかかっている2つのループを一度に引き抜く。

4 1目編めたところ。**1**〜**3**をくり返す。

⊤ [中長編み] ※立ち上がりは鎖2目で目数に数える。

1 鎖2目で立ち上がり、針先に糸をかけて作り目の2目めをすくう。

2 針先に糸をかけて引き出す。

3 針先に糸をかけて、針にかかっている3つのループを一度に引き抜く。

4 1目編めたところ。**1**〜**3**をくり返す。

⊤ [長編み] ※立ち上がりは3目で目数に数える。

1 鎖3目で立ち上がり、針先に糸をかけて作り目の2目めをすくう。

2 針先に糸をかけて、1段の高さの半分くらいまで糸を引き出す。

3 針先に糸をかけて2つのループを一度に引き抜く。

4 針先に糸をかけて、針にかかっている2つのループを一度に引き抜く。

5 1目編めたところ。**1**〜**4**をくり返す。

ᐯ [細編み2目編み入れる]

細編み1目編んだら、同じ目にもう一度編む。

ᐱ [細編み2目一度]

細編みを未完成にして、次の目に針を入れて細編みを編む。

Ｗ [長編み3目編み入れる]

同じ目に長編みを3目編む。

● [引き抜き編み]

針を入れ、糸をかけて引き抜く。

29

細編みだけの四角いたわし

a

b

c

一番かんたんな編み方の細編み。
かぎ針に糸をかけて引き出すコツをつかもう。
レッツチャレンジ!
作り方…31ページ

細編みだけの四角いたわし

▶ 使用糸（1枚分）ハマナカジャンボニー

ⓐ **グレー（28）** ⓑ **スカイブルー（15）**

ⓒ **群青（16）** 各13g

▶ 使用針　かぎ針8mm

編み図

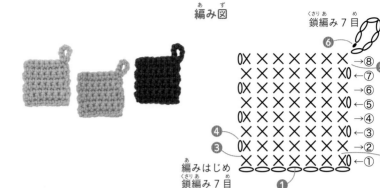

鎖編み7目

0X ××××××× →⑧
××××××× X0 ←⑦
0X ××××××× →⑥
××××××× X0 ←⑤
0X ××××××× →④
××××××× X0 ←③
0X ××××××× →②
××××××× X0 ←①

編みはじめ
鎖編み7目

❶〜❻は編み図を見ながら編んでね。

作り方

1 28ページを見ながら、鎖編み7目の作り目を編みます。❶

2 立ち上がりの鎖を1目編みます。

3 鎖編みの裏山（矢印のところ）に針を入れます。

4 糸をかけて矢印のように引き出します。

5 もう一度糸をかけて矢印のように引き出します。

6 細編みが1目編めました。❷

7 細編みを7目編み、1段めが編めました。❸

8 立ち上がりの鎖を1目編みます。❹

9 裏返して、前の段の細編みの頭に針を入れます。

10 細編みを編みます。

11 細編みを7目編み、2段めが編めました。

12 同じようにくり返して、8段めまで編みます。❺

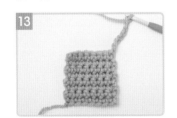

13 ループ用の鎖7目編みます。

14 根元に針を入れ、引き抜き編みをします。❻

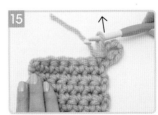

15 糸を10cmほど残して切り、糸を引き出してとめます。

16 残り糸をとじ針に通し、裏側で目をすくい、もどってすくい、切ります。

長編みだけの四角いたわし

a

1回よぶんに針に糸をかけてから編むよ。
編めた目は、細編み3つ分の背の高さです。

作り方…33ページ

b

長編みだけの四角いたわし

▶ 使用糸（1枚分）ハマナカジャンボニー
  ⓐ 茶（30）
  ⓑ グレー（28） 各10g
▶ 使用針 かぎ針8mm

❶～❼は編み図を見ながら編んでね。

編み図

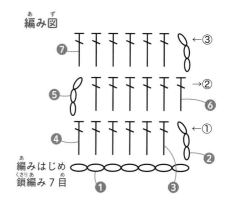

編みはじめ
鎖編み7目

🧶 作り方

1
28ページを見ながら、鎖編み7目の作り目を編みます。❶

2
立ち上がりの鎖3目を編みます。これをこの段の1目と数えます。❷

3
針に糸をかけ、鎖の裏山に針を入れます。

4
矢印のように引き出します。

5
針に糸をかけ引き出します。

6
針に糸をかけ引き出します。

7
長編み1目が編めました。❸

8
1段めの長編みが編めました。❹

9
立ち上がりの鎖3目を編みます。❺

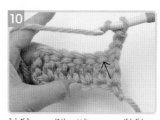
10
裏返して、針に糸をかけ、前段の目の頭に針を入れ長編みを編みます。

11
6目編めたら、最後の目は立ち上がりの鎖3目の半目と裏山に針を入れます。❻

12
立ち上がりの鎖3目の半目と裏山に針を入れたところ。

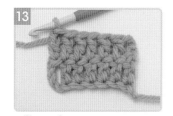
13
2段めが編めました。

14
同様に3段めも編みます。❼

15
糸を切って引き出します。

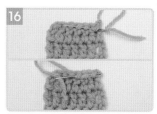
16
残り糸をとじ針に通し、裏側で目をすくい、もどってすくい、切ります。

こんどは丸く編む編み方を覚えよう。
1目に2目ずつ編むと丸く平らに編めるよ。

作り方…35ページ

a

b

c

細編みだけの
丸いたわし

細編みだけの丸いたわし

▶ 使用糸（1枚分）　ハマナカジャンボニー
　ⓐ 若草（27）　ⓑ 黄（11）
　ⓒ からし（24）　各8g

▶ 使用針　かぎ針8mm

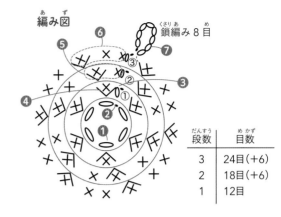

編み図

鎖編み8目

段数	目数
3	24目（+6）
2	18目（+6）
1	12目

❶～❼は編み図を
見ながら編んでね。

作り方

1 28ページを見ながら鎖を6目編みます。❶

2 1目めに針を入れ引き抜きます。❷

3 立ち上がりの鎖1目編みます。❸

4 鎖目の半目と裏山に針を入れ、細編みを2目編みます。❹

5 引き抜くところ
各目に2目ずつ編み入れました。・印のところに引き抜きます。

6 引き抜きました。

7 立ち上がりの鎖1目編み、次は・印のところに針を入れます。

8 2目
1目
細編みを1目編んだら、次の目に2目編み入れます。❺

9 1目、2目編むをくり返し、2段めを編んで引き抜きます。

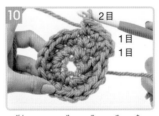

10 2目
1目
1目
3段めは、1目、1目、2目と編みます。❻

11 3段めを編んで引き抜きます。

12 ループ用に鎖8目編みます。❼

13 根元に針を入れて引き抜きます。

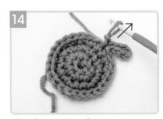

14 糸を切って引き出してとめます。

15 残り糸をとじ針に通し、裏側で目をすくい、もどってすくい、切ります。

16 真ん中の糸は、中心から斜めに目をすくい、もどって切ります。

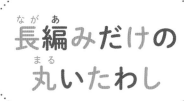

長編みだけの
丸いたわし

a   b

背の高い長編みだから、2段編むだけでけっこう大きいね。
2段めでは1目に2目ずつ編み込みます。

作り方…37ページ

長編みだけの丸いたわし

- ▶ 使用糸（1枚分）　ハマナカジャンボニー
  - ⓐ ピンク（33）　ⓑ スカイブルー（15）　各20g
- ▶ 使用針　かぎ針8mm

編み図

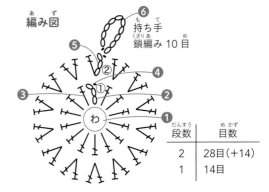

持ち手
鎖編み10目

段数	目数
2	28目（＋14）
1	14目

❶〜❻は編み図を
見ながら編んでね。

🧶 作り方

1　指2本に糸を巻き、針を入れて糸をかけ、矢印のように引き出します。❶

2　立ち上がりの鎖3目を編みます。1段めの1目と数えます。❷針に糸をかけ長編みを編みます。

3　矢印のように引き出します。

4　矢印のように引き出し、長編みを編みます。

5　長編み1目が編めました。❸

6　1段めの長編みを14目編みます。

7　糸はしを引っ張り、動く糸をさがします。

8　動く糸をつまんで引っ張ると、わが縮まります。

9　糸を引くとわが縮まりました。

10　わが縮まったら、糸はしを引くと、9の糸も引きしまります。

11　立ち上がりの鎖の3目めの半目と裏山に針を入れます。

12　引き抜き編みをします。❹

13　立ち上がりの鎖3目を編みます。❺　2目め、3・4目めは印のところに針を入れます。

14　1目に長編みを2目ずつ編み、2段めが編めたら引き抜きます。

15　ループ用に鎖10目編みます。❻

16　根元に引き抜きます。糸を切ってとめ、糸始末をします。（p.35参照）

グラニー
スクエアの
たわし

「グラニースクエア」とは、
かぎ針で編む四角いモチーフのこと。
昔からそう呼ばれているそうです。

作り方…39〜41ページ

a

b

c

グラニースクエアのたわし

▶ 使用糸（1枚分）　ハマナカボニー

   ⓐ ピーコックブルー（608）、ⓑ レモン（432）、

   ⓒ ローズピンク（464）　各13g

▶ 使用針　かぎ針8/0号

編み図

持ち手
鎖編み 10目

💬 ❶〜⓬は編み図を見ながら編んでね。

🧶 作り方

1 指2本に糸を巻き、針を入れて糸をかけ、矢印のように引き出します。❶

2 立ち上がりの鎖3目を編みます。1段めの1目と数えます。❷

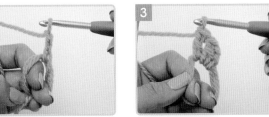

3 長編みを2目編みます。これで3目編んだと数えます。❸

4 角の鎖3目を編みます。❹

5 長編み3目を編みます。

6 同様に編み、1段めの最後の鎖3目を編みました。

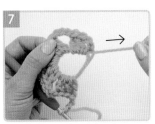

7 糸はしを引っ張り、動く糸をさがします。

8 動く糸をつまんで引っ張ります。

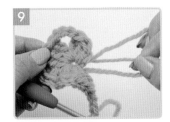

9 糸を引くとわが縮まります。

10 わが縮まったら、糸はしを引くと、⑨の糸も引きしまります。

11 立ち上がりの鎖3目めの半目と裏山に針を入れて引き抜きます。

12 1段めができ上がりました。❺

グラニースクエアのたわし

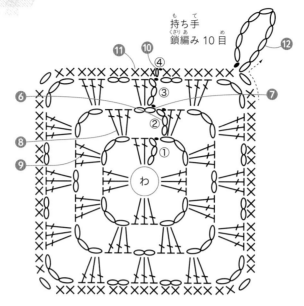

持ち手
鎖編み 10 目

①~⑫は編み図を
見ながら編んでね。

13 2段めの立ち上がりの鎖3目を
編みます。⑥

14 プラス鎖2目を編みます。⑦

15 前段の鎖をつつむよう（束）に針
を入れ、長編み3目編みます。⑧

16 鎖3目編みます。

17 同じ鎖に長編み3目を編みま
す。⑨

18 鎖2目を編みます。

19 編み図をよく見ながら、2段めを
編みます。

20 立ち上がりの鎖3目めの半目と
裏山に針を入れ、引き抜きます。

21 2段めの鎖2目に束で引き抜きを
します。2段めが編めました。

22 立ち上がりの鎖3目を編み
ます。

23 長編み2目編みます。

24 編み図にしたがって編んでいき
ます。

ふち編みを編む

3段めが編み上がりました。

4段めはふち編みをします。まず立ち上がりの鎖1目編みます。⑩

細編みを編みます。⑪

前段が鎖のところは、鎖をつつむよう(束)に針を入れます。

つつむよう(束)に細編みを編みました。

角は、細編み2目・鎖1目・細編み2目を編みます。

角が編めました。

最後の角は鎖1目を編んだらループ用の鎖を10目編みます。⑫

根元に引き抜きます。続けて4段めの終わりまで編みます。

1目めの細編みの頭に引き抜いて、ふち編みが編み終わりました。

糸を切って、引き抜いてとめます。

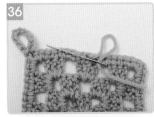
残り糸をとじ針に通し、裏側で目をすくい糸始末します。

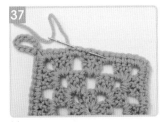
同じところをすくってもどります。

真ん中の糸は斜めにすくい、もどります。

でき上がり。

41

a

b

c

フルーツの
エコたわし

オレンジやレモン、リンゴのエコたわし。
キッチンがカラフルでにぎやかに。

作り方…43〜45ページ

フルーツのエコたわし

▶ 使用糸（1枚分） ハマナカボニー
葉 ライトグリーン（427）6 g
実 ⓐ ブライトオレンジ（415）、ⓑ 赤（404）、
ⓒ レモン（432）各10 g
▶ 使用針 かぎ針7/0号

編み図　実 各1枚

段数	目数
4	42目（バック細編み）
3	42目（+14）
2	28目（+14）
1	わに長編み14目編み入れる

❶～⓬は編み図を見ながら編んでね。

🧶 フルーツの実 作り方

1 2段めまでは、基本レッスンのP37と同じに編みます。

2 立ち上がりの鎖3目編みます。これをこの段の1目と数えます。❶

3 次の目に長編み2目編み入れます。❷

4 次の目に長編み1目を編みます。❸

5 1目、2目編むをくり返し、3段めを編み終わります。

6 立ち上がりの鎖の3目めの半目と裏山に針を入れます。❹

7 引き抜きます。3段めが編み終わりました。

8 立ち上がりの鎖1目を編みます。

🧶 バック細編み ✕ の編み方

9 4段めのふち編みをバック細編みで編みます。右の長編みの頭に針を入れます。❺

10 針に糸をかけます。

11 細編みと同じように、糸を引き出します。

12 糸をかけます。矢印のように引き出します。

フルーツのエコたわし

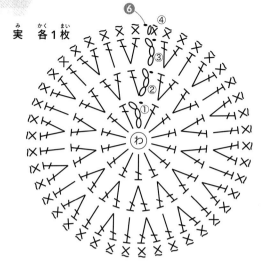

実　各1枚

葉　3枚

編みはじめ

❶〜⓬は編み図を
見ながら編んでね。

13
バック細編みが1目編めました。

14
ぐるりと1周バック細編みを編み
ました。

15
最後は立ち上がりの鎖に針を
入れて引き抜きます。❻

16
糸を切ります。

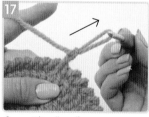

17
切った糸を引き出して、とめます。

18
残り糸をとじ針に通し、裏側の目
をすくいます。

19
もどってすくいます。

20
真ん中の糸は斜めに目をすくい
ます。

🧶 葉っぱ 作り方

1
鎖5目を編みます。❼

2
立ち上がりの鎖1目を編みます。
❽

3
1の鎖の半目に針を入れて、
細編みを編みます。

4
次に中長編みを編みます。針に
糸をかけ、半目に針を入れます。

5 糸をかけて矢印のように引き出します。

6 針に糸をかけ、糸3本を矢印のように引き抜きます。

7 中長編みが編めました。❾

8 次の目に長編みを2目編み入れます。❿

9 中長編みを1目編み、細編みを1目編みます。

10 ループ用の鎖5目を編みます。

11 鎖の1目めに引き抜き編みをします。

12 葉のもう片側を、残しておいた半目に針を入れ、編みます。⓫

13 細編み1目と引き抜き編みをします。⓬

14 糸を切ります。

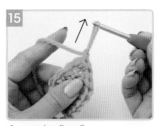

15 切った糸を引き出して、とめます。

16 残り糸をとじ針に通し、本体に2回巻いてとじつけます。

17 裏側で目をすくいます。

18 もどって目をすくいます。

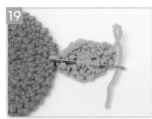

19 もう1本の糸も始末します。

19 でき上がり。

a

b

c

d

e

好きな色の毛糸を選んで編もう！
花びらの模様がうまく編めるかな。

作り方…47〜49ページ

カラフルフラワーのエコたわし

▶ 使用糸（1枚分）　ハマナカボニー
生成り（442）各4g
色 ⓐ ラベンダー（612）、ⓑ スカイブルー（471）、
ⓒ ビビットピンク（601）、ⓓ 黄緑（476）、
ⓔ ブライトオレンジ（415）　各10g
▶ 使用針　かぎ針7/0号

編み図

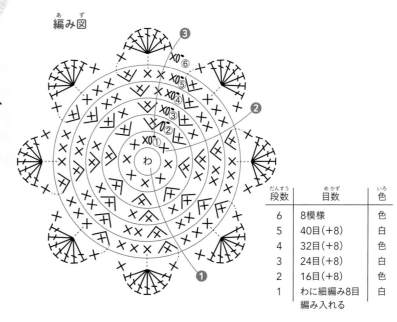

💬 ❶〜❽は編み図を
見ながら編んでね。

段数	目数	色
6	8模様	色
5	40目（+8）	白
4	32目（+8）	白
3	24目（+8）	白
2	16目（+8）	色
1	わに細編み8目編み入れる	白

🧶 作り方

1　指2本に糸を巻き、針を入れて糸をかけ、矢印のように引き出します。❶

2　引き出したところです。

3　鎖編みを1目編みます。この目は1目とは数えません。

4　立ち上がりの鎖1目を編みます。

5　細編みを編みます。

未完成の細編み

6　細編みを8目編み、8目めは未完成にしておきます。❷

7　糸はしを引っ張り、動く糸をさがします。

8　動く糸をつまんで引っ張るとわが縮まります。

🧶 糸替えの仕方

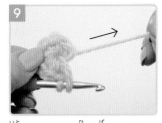

9　糸はしのほうを引っ張ると、8の糸も引きしまります。

10　未完成にしてあった細編みで、新しい糸を針にかけます。

11　新しい糸を引き出します。

12　1段めの細編み1目めに針を入れて引き抜きます。❸

カラフルフラワーのエコたわし

段数	目数	色
6	8模様	色
5	40目（+8）	白
4	32目（+8）	色
3	24目（+8）	白
2	16目（+8）	色
1	わに細編み8目 編み入れる	白

❶〜❽は編み図を見ながら編んでね。

立ち上がりの鎖1目を編みます。1段めの糸は切らずに休ませておきます。

前の段の頭に針を入れ、細編みを2目編み入れます。❹

細編みを16目編み、最後の細編みは未完成にしておきます。

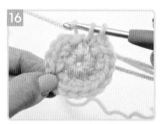

休ませておいた糸に針をかけます。

休ませておいた糸を引き出します。

引き抜き編みをします。

立ち上がりの鎖1目を編みます。

3段めは、細編み1目と細編み2目を交互に編みます。❺

24目編み、最後の細編みは未完成にしておきます。

次の色の糸で細編みを完成させ、引き抜きます。

立ち上がりの鎖1目を編みます。

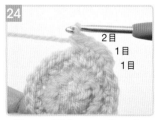

4段めは、細編みを1目、1目、2目の順に編みます。❻

25
32目編み、最後の細編みは未完成にしておきます。

26
次の色の糸で細編みを完成させ、引き抜きます。

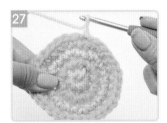

27
立ち上がりの鎖1目を編みます。

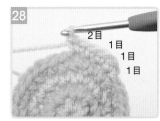

28
2目
1目
1目
1目
5段めは、細編みを1目、1目、1目、2目の順に編みます。❼

🧶 ふちの模様編み

29
未完成の細編み
40目編み、最後の細編みは未完成にしておきます。

30
次の色の糸で細編みを完成させ、引き抜きます。

31
立ち上がりの鎖1目を編みます。

32
細編み1目編みます。

33
前の段の細編みを1目とばして2目めに、長編みを7目編みます。❽

34
また1目とばし2目めに、細編みを1目編みます。

35
次の目に細編みを1目編みます。くり返して編みます。

36
6段めの模様編みが編み終わりました。

37
1目めの細編みの頭に引き抜き編みします。

38
糸を切り引き出して、とめます。

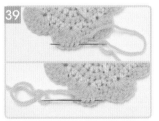

39
残り糸をとじ針に通し、裏側の目をすくい、同じところをすくってもどります。

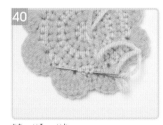

40
同じ色の糸のところですくいます。

41
でき上がり。

あざらしくんの ガラス クリーナー

こんなあざらしくんといっしょなら、
おそうじも楽しいよね!
きゅっきゅとみがけるよ!!

作り方…51～53ページ

あざらしくんのガラスクリーナー

▶ 使用糸（2枚分）　ハマナカラブボニー
　白（125）、水色（116）各15g
　黒（120）4g

▶ 使用針　かぎ針6/0号

編み図

鎖編み 10目

体 2枚

段数	目数
4	28目（2枚重ねて細編み）
3	42目（+14）
2	28目（+14）
1	わに長編み14目編み入れる

ヒレつけ位置

ヒレつけ位置

わ

❶～❼は編み図を見ながら編んでね。

体を編む

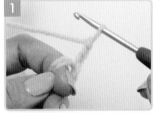

1　わの作り目から立ち上がりの鎖3目編みます。これを1目と数えます。❶

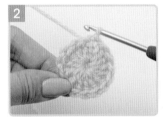

2　長編みを計14目編み、引き抜きます。

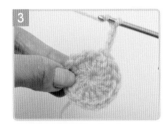

3　立ち上がりの鎖3目を編みます。これを1目と数えます。

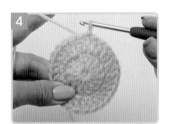

4　2段めは、前の段の長編みの頭1目に2目ずつ長編みを編み、計28目編みます。❷

5　3段めは、1目、2目の順で長編みを編みます。❸

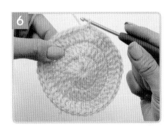

6　長編みを1目、2目の順で1周編んで引き抜きます。

7　3段めまで編んだら、糸を切って引き出してとめます。

8　もう1枚同様に編み、裏側を合わせるように重ねます。

9　立ち上がりの鎖1目編みます。

10　2枚一緒に細編みを編みます。

11　細編み1目編めました。❹

12　14目編んだら、ループ用の鎖を編みます。

51

鎖10目編みます。

根元に引き抜きます。

また細編み14目編みます。

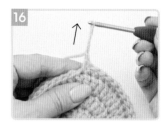
糸を切って引き出してとめます。

目　2枚　　　　鼻　1枚　　　　ヒレ　2枚

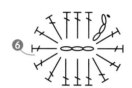

目を編む

指2本に糸を巻き、針を入れて糸をかけ、矢印のように引き抜きます。

わの作り目ができました。

立ち上がりの鎖1目を編みます。

細編みを6目編んで引き抜きます。2個作ります。❺

鼻を編む

鎖3目編みます。

立ち上がりの鎖3目編みます。※ ❸で針を入れるところ。

❶の鎖の半目と裏山に針を入れて、長編みを3目編みます。

3目めの鎖に長編みをあと6目編みます。❻

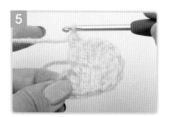
長編みを2目編みます。

同じ目に長編みを4目編みます。

立ち上がりの鎖の3目めに引き抜きます。

🧶 ヒレを編む

1 わの作り目から立ち上がりの鎖3目編みます。これを1目と数えます。

2 鎖を含め、8目の長編みを編みます。

3 立ち上がりの鎖3目を編みます。これを1目と数えます。

4 次の目に長編み2目を編み入れます。❼

🧶 パーツを体につける

5 1目、2目の順に1周編み、引き抜きます。

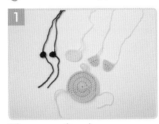

1 各パーツが編み上がりました。

2 体の中心と鼻の上を合わせ、まち針でとめます。

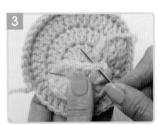

3 鼻の残り糸をとじ針に通し、鼻はふちの鎖2本、体は目の間から間をすくいます。

4 ぐるりと巻きかがり、残った糸は鼻の中に通して切ります。

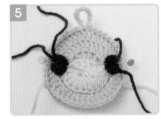

5 まち針で目を固定します。

6 鼻と同様にとじつけます。

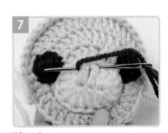

7 鼻の刺しゅうをします。

8 糸を二重に渡して、糸は中を通して切ります。

9 ヒレをつぶして体にとじつけ、最後は同じところを2回すくって裏側へ出します。

10 残り糸は、裏側の目をすくって糸始末します。

11 でき上がり。

こぐまのお顔の バッグチャーム

a

b

バッグに下げられるかわいいたわし。
スマホやタブレットの画面をふくのに便利。
作り方…55〜57ページ

こぐまのお顔のバッグチャーム

▶ 使用糸（1枚分）　ハマナカラブボニー
○ⓐ 白（125）16g　クリーム（104）2g　こげ茶（119）100cm
○ⓑ こげ茶（119）16g　からし（127）2g　えんじ（112）100cm
▶ 使用針　かぎ針6/0号
▶ 資材　バッグストラップ　各1組

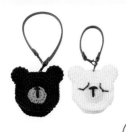

編み図

顔　2枚

2枚重ねて
巻きかがり（30目）

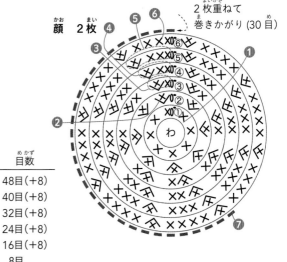

段数	目数
6	48目（+8）
5	40目（+8）
4	32目（+8）
3	24目（+8）
2	16目（+8）
1	8目

❶〜❼は編み図を
見ながら編んでね。

🧶 顔を編む

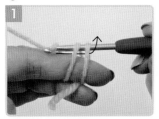

1 指2本に糸を巻き、針を入れて糸をかけ、矢印のように引き出します。

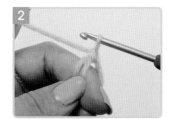

2 鎖編みを1目編みます。この目は1目とは数えません。

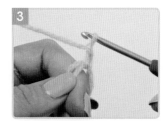

3 立ち上がりの鎖1目を編みます。

4 細編みを8目編みます。❶

5 糸はしを引っ張り、動く糸をさがします。

6 動く糸をつまんで引っ張ります。

7 もう一度糸はしを引っ張ると、❻の糸も引きしまります。

8 細編みの1目めの頭に引き抜き編みします。

9 立ち上がりの鎖1目を編みます。

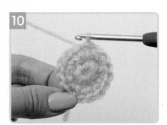

10 1目に細編みを2目ずつ編み入れ、16目編み、引き抜きます。❷

11 3段めは、立ち上がりの鎖ののち、細編みを1目、次の目に2目編み入れます。❸

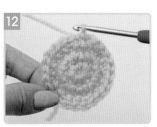

12 1目、2目と編み入れ、24目編んで引き抜きます。

こぐまのお顔のバッグチャーム

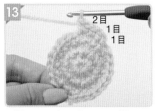

13 4段めは、立ち上がりの鎖ののち、細編みを1目、1目、2目と編み入れます。❹

14 1目、1目、2目と編み入れ、32目編み、引き抜きます。

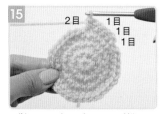

15 5段めは、立ち上がりの鎖ののち、細編みを1目、1目、1目、2目と編み入れます。❺

16 1目、1目、1目、2目と編み入れ、40目編み、引き抜きます。

17 6段めは、立ち上がりの鎖ののち、1目、1目、1目、1目、2目と編み入れます。❻

18 1目、1目、1目、1目、2目と編み入れ、48目編み引き抜きます。

19 糸を切り、とじ針に通して裏で目をすくい、同じところをもどってすくって、糸始末をします。

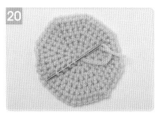

20 真ん中の糸はななめにすくいます。

鼻　1枚

段数	目数
3	24目（+8）
2	16目（+8）
1	8目

耳　2枚

段数	目数
4	12目
3	12目
2	12目（+6）
1	6目

🧶 鼻を編む

1 わの作り目で編みはじめます。

2 1段めは細編みを8目編み、引き抜きます

3 2段めは2目ずつ編み入れ、3段めは1目と2目とを編み入れます。

🧶 耳を編む

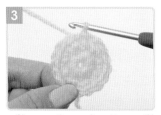

1 わの作り目で編みはじめます。

2 1段めは細編みを6目編み、引き抜きます。

3 2段めは細編みを2目ずつ編み入れ、12目編んで引き抜きます。

4 3段めと4段めは増やし目せず、12目ずつ編んでいきます。このようにおわん形になります。

🧶 パーツを顔につける

1 顔2枚、鼻1枚、耳2枚を編みます。

2 鼻の中に残り糸をつめます。

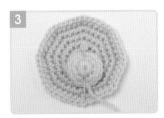

3 中心に鼻の上を合わせてまち針でとめます。

4 糸はしをとじ針に通し、鼻を顔にとじつけます。

5 残った糸は中に通してきわで切ります。

6 刺しゅうをします。鼻は2回糸を渡します。

7 渡した糸の真ん中から糸を出し、下へ2回糸を渡します。

8 最後に糸は鼻の中を通します。

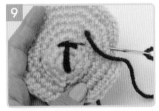

9 目の刺しゅうをします。斜めに糸を渡します。

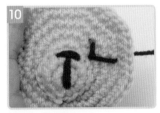

10 渡した糸を押さえます。

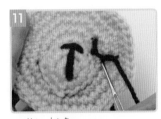

11 もう一か所押さえます。

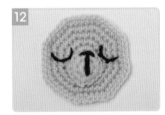

12 刺しゅうができました。

13 顔の表と裏を合わせ、細編みの頭を2枚いっぺんにひろい、巻きかがります。❼

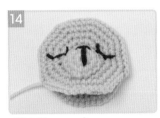

14 顔部分ができ上がりました。

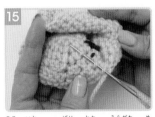

15 残り糸をとじ針に通し、裏側で目をすくい糸始末します。

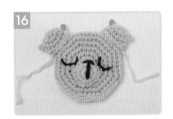

16 耳をまち針で固定します。

17 耳の細編みの頭をひろい、顔の目をひろい、巻きかがります。

18 とじたら針先に糸をかけ、糸どめします。

19 残り糸は、耳の中に通してきわで切ります。

20 バッグストラップを編み地に引っかけてつけ、でき上がり。

ロリポップにショートケーキ、
ドーナツやマカロン、カップケーキも。
毛糸３玉あればぜ〜んぶ編めちゃうよ！

作り方…60〜71ページ

スイーツカーニバル

- ▶ 使用糸（ロリポップ・ショートケーキ・ドーナツ・マカロン・カップケーキ各3個分） ハマナカラブボニー
  クリーム（104）、えんじ（112）、こげ茶（119）各1玉
- ▶ 資材 ハマナカネオクリーンわたわた（H405-401）20g
  ハマナカニットリング外径21mm（H204-588-21）
- ▶ 使用針 かぎ針6/0号

編み図

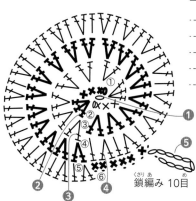

段数	目数	色
6	●6目	ブルー
5	✕6目と●	ピンク
4	54目（+18）	ブルー
3	36目（+18）	ピンク
2	18目（+12）	ブルー
1	6目	ピンク

鎖編み 10目

ロリポップ

❶～❺は編み図を見ながら編んでね。
※毛糸の色は、自分で決めて編んでね。

作り方 ※ここではピンク糸とブルー糸で編んでいます。

1 ピンク糸で、鎖1目を編み、立ち上がりの鎖1目を編みます。❶

2 最初の鎖の半目と裏山をひろい、細編み3目編みます。

3 同じところに長編み3目編みます。

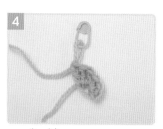

4 この目を休ませます。マーカーをつけておきます。❷

5 ❷と同じところに、ブルー糸で鎖1目を編みます。

6 同じところに細編み3目編みます。

7 同じところに長編み3目編み入れます。

8 ❷で編んだ細編みの1目めに、長編み2目編み入れます。

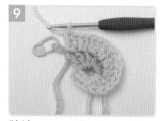

9 同様にピンク糸で編んだ目に、長編みを2目ずつ編み入れます。❸

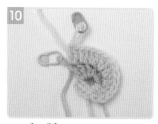

10 この目を休ませます。マーカーをつけておきます。

11 休ませていたピンク糸にもどり、❻で編んだ細編みの頭に、長編み2目編み入れます。

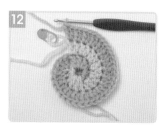

12 同様にブルー糸で編んだ目に、長編みを2目ずつ編み入れます。またマーカーをつけて休ませます。

13

2目
1目

ブルー糸にもどり、こんどは長編みを1目編んだら、次は2目編み入れます。❹

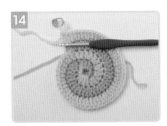

14

1目、2目編み入れるを、くり返し編みます。目を休ませます。

15

ピンク糸にもどり、細編みを6目編みます。

16

となりの目に引き抜き編みをします。

17

ピンク糸を切り、引き出してとめます。

18

ブルー糸にもどります。

19

ピンク糸の細編み部分を引き抜き編みし、となりの目も引き抜き編みします。

20

ループ用の鎖10目編みます。❺

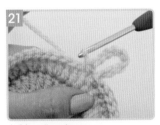

21

根元に引き抜きます。

22

糸を切り、引き出してとめます。

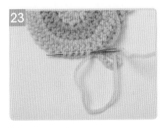

23

残り糸をとじ針に通し、裏側の目をすくいます。

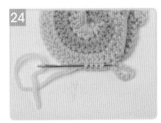

24

もどって目をすくいます。

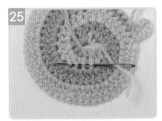

25

編みはじめの糸は、同じ色のところで糸始末します。

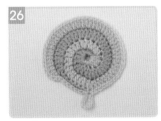

26

でき上がり。

スイーツカーニバル

ショートケーキ

編み図

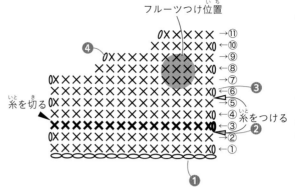

フルーツつけ位置

糸を切る ◀

糸をつける

段数	目数	色
11	5目	ピンク
10	6目	
9	10目	
8	11目	
7	15目	
6	15目	
5	15目	ブルー
4	15目	
3	15目	黄
2	15目	ブルー
1	15目	

❶〜❺は編み図を
見ながら編んでね。
※毛糸の色は、自分で
決めて編んでね。

🧶 **作り方** ※ここでは、ブルー、黄、ピンクの糸で編みます。

1
鎖編みの作り目を15目編みます。❶

2
立ち上がりの鎖1目編みます。

3
1段め、細編みを15目編みます。

4
立ち上がりの鎖1目編みます。

5
2段めの細編み15目編んだら、最後の細編みは未完成にしておきます。

6
黄色の糸に針をかけます。❷

7
細編みを完成させます。ブルーの糸は切らずに残しておきます。

8
立ち上がりの鎖1目編みます。

9
3段めの細編みを編みます。

10
黄色の糸を切ります。

11
引き出して、とめます。

12
3段めの編みはじめの頭に針を入れます。

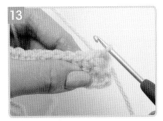
ブルーの糸を引き出します。

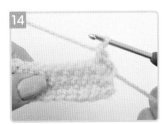
立ち上がりの鎖1目編みます。

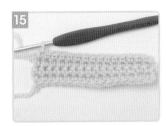
4段め、細編み15目編みます。

5段めも細編み15目編み、最後の細編みを未完成にしてピンクの糸に針をかけます。

引き出します。❸

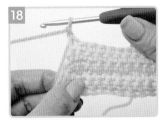
立ち上がりの鎖1目編みます。

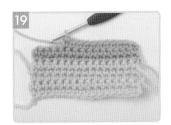
6段め、7段めと編み、8段めは、11目まで編みます。

裏返して立ち上がりの鎖1目編んだら、となりの目に細編みを編みます。❹

🧶 ふち編みを編む

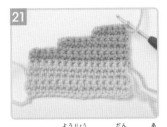
[19]、[20]の要領で11段まで編みます。

立ち上がりの鎖1目を編みます。

細編みを5目編みます。

鎖編みを1目編みます。

ふち編み

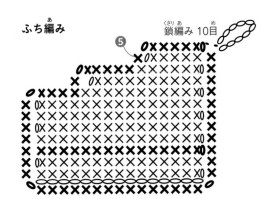
鎖編み 10目

細編みをわるように針をわきに入れます。❺

細編みを編みます。

27 角まで細編みを編んだら、鎖1目編み、25、26と同様に細編みを編みます。

28 側面は、鎖1目で立ち上がります。

29 細編みの足に針を入れ、細編みを編みます。

30 穴のところに細編みを編みます。

31 足、穴、足の順に編み、色替えしたところは、足、足に編みます。

32 底の角も鎖1目編んで進めます。

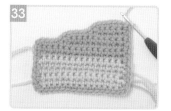

33 ぐるりとふち編みが編み終わりました。

34 ループ用の鎖10目を編みます。

35 最初の鎖に針を入れて引き抜きます。

36 糸を切って、引き出してとめます。

37 残り糸をとじ針に通し、裏側で目をすくいます。

38 もどってすくい、糸を切ります。

フルーツを編んでつける

1 フルーツを編みます。

フルーツ

段数	目数
1	8目

30cmほど残して糸を切り。ケーキに巻きかがります。

2 残り糸をとじ針に通し、編み地をすくいます。

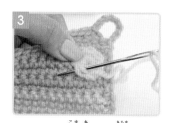

3 モチーフの細編みの頭をひろい、巻きかがります。

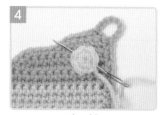

4 とじつけたら糸の残りはモチーフの中を通して切ります。

5 でき上がり。

カップケーキ

編み図

カップ

1模様

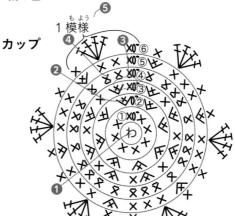

❶～❺は編み図を
見ながら編んでね。
※毛糸の色は、自分で
決めて編んでね。

段数	目数
6	6模様
5	30目(+6)
4	24目 ✕
3	24目(+8)
2	16目(+8)
1	8目

カップを作る ※ここでは、ブルーの糸で編みます。

1 わにする作り目で編みはじめます。❶

2 1段めは細編みを8目編みます。(p.55の 1 ～ 5 参照)

3 糸はしを引っ張り、わを縮めます。(p.55の 5 ～ 7 参照)

4 細編みの1目めの頭に引き抜き編みします。

5 2段めは、立ち上がりの鎖1目を編んだら、1目に2目の細編みを編み入れます。❷

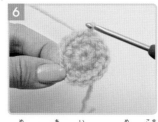

6 2目ずつ編み入れ、16目の細編みを編み、引き抜きます。

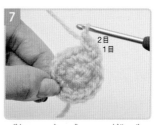

7 3段めは、立ち上がりの鎖1目を編んだら、1目細編みを編み、次の目に2目の細編みを編み入れます。❸

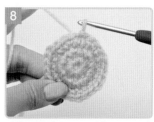

8 1目、2目編むをくり返して24目編み、引き抜きます。

すじ編み ✕ の編み方

9 4段めは、すじ編みをします。細編みの頭の向こう側の目だけに針を入れて編みます。

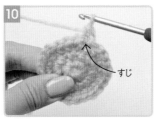

10 編んだ手前にすじができます。

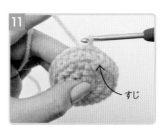

11 24目のすじ編みをします。❹

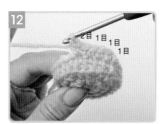

12 5段めは、立ち上がりの鎖1目編んだら、細編みを1目、1目、1目、2目と編みます。

スイーツカーニバル

🧶 模様編みを編む

13 30目編んで引き抜きます。

14 6段めは模様編みです。立ち上がりの鎖1目と細編み1目編みます。

15 1目抜かして、次の目に長編みを4目編みます。

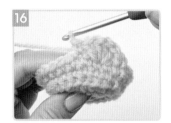
16 1目抜かして、次の目に細編み1目編みます。❺

17 細編みを1目編みます。

18 14〜16をくり返して1周編み、引き抜きます。

19 糸を切り、引き出してとめます。

20 残り糸はとじ針に通して、裏側の目をすくい始末します。

スポンジ

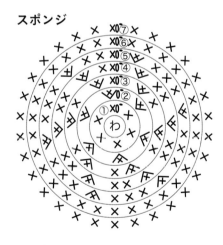

段数	目数	色
7	30目	ブルー
6	30目	
5	30目（+6）	
4	24目（+6）	黄
3	18目（+6）	
2	12目（+6）	
1	6目	

🧶 スポンジ部分を編む

1 わの作り目から編みはじめ、増やし目しながら5段めまで編みます。

2 6段めは増やし目なく30目編んで、最後の細編みを未完成にしておきます。

3 カップのブルーの糸を針にかけます。

4 引き出して細編みを完成させ、引き抜き編みします。

7段めはブルー糸で細編みを
30目編み、引き抜き編みします。

糸を切り、引き出してとめます。

フルーツ C

段数	目数
2	6目
1	6目

🧶 フルーツを編む

わの作り目で編みはじめます。

1段めは細編み6目編み、引き抜きます。

2段めは、立ち上がりの鎖1目編み、細編み6目編んで引き抜きます。

糸を切り、引き出してとめます。

🧶 パーツを組み立てる

フルーツ、スポンジ、カップが編み上がりました。

フルーツの編みはじめの糸を中につめます。

フルーツの残り糸をとじ針に通し、スポンジの1、2段めにとじつけます。

糸は中に通して切ります。

スポンジをカップの5段めに巻きかがります。

わたを入れる口を開けておきます。

わたをつめます。

続きを巻きかがります。

残り糸は中を通して切ります。

でき上がり。

67

ドーナツ

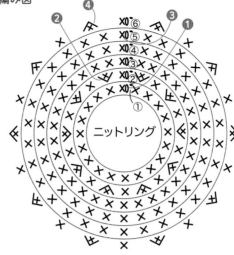

編み図

ニットリング

段数	目数
6	20目（−10）
5	30目
4	30目
3	30目
2	30目（＋10）
1	20目

❶〜❹は編み図を
見ながら編んでね。

🧶 作り方

手編み用ニットリング(H204-588-21)を用意します。	リングに針を入れ、糸をかけます。	引き出してから針に糸をかけます。	鎖1目を編みます。

		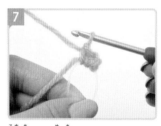	
立ち上がりの鎖1目を編みます。	1段めはリングに針を入れて、リングを編みくるみます。	細編み1目編めました。❶	1段めの細編み20目を編みます。

1目めの頭に引き抜きます。	立ち上がりの鎖1目を編みます。	1目めに細編み1目、2目めに細編み2目編み入れます。❷	1目、2目とくり返し編み入れ、2段めが編み終わり、引き抜き編みします。

立ち上がりの鎖1目編みます。

3段めは、各目に細編みを1目ずつ編みます。

4段め、5段めも各目に細編みを1目ずつ編みます。❸

6段めは、立ち上がりの鎖1目ののち、細編みを1目編みます。

🧶 細編み2目一度 ⩕ の編み方

次の1目めに細編みの未完成を編みます。

2目めにも細編みの未完成を編みます。

一度に引き抜きます。これで2目一度が編めました。❹

こんどは細編み1目を編みます。

16〜20のくり返しで、6段めが編めたら引き抜き編みします。

糸を切り、引き出してとめます。

残り糸をとじ針に通し、1段めと最終段の頭をすくい、とじていきます。

途中までとじたら、わたをつめます。

最後までとじたら、残り糸は中に入れ込み、余分は切ります。

フレンチノットステッチの刺しゅうをします。編み地に針を出して糸を2回巻きます。

巻いたところを押さえて針を引き抜きます。

根元に針を入れます。フレンチノットステッチができます。

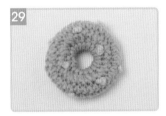

ところどころにフレンチノットステッチをして、でき上がり。

スイーツカーニバル

マカロン

編み図

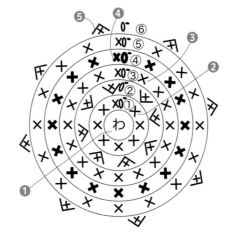

段数	目数	色
6	8目(-8)	ピンク
5	16目	
4	16目	黄
3	16目	
2	16目(+8)	ピンク
1	8目	

①〜⑤は編み図を見ながら編んでね。※毛糸の色は、自分で決めて編んでね。

🧶 **作り方** ※ここでは、ピンク、黄の糸で編んでいます。

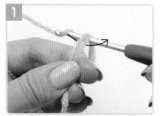

1 指2本に糸を巻き、針を入れて糸をかけ、矢印のように引き出します。①

2 鎖編みを1目編みます。この目は1目とは数えません。

3 立ち上がりの鎖1目を編みます。

4 細編みを8目編みます。②

5 糸はしを引っ張り、動く糸をさがします。

6 動く糸をつまんで引っ張ります。

7 もう一度糸はしを引っ張ると、⑥の糸も引きしまります。

8 細編みの1目めの頭に引き抜き編みします。

9 立ち上がりの鎖1目を編みます。

10 1目に細編みを2目編み入れます。

11 2目ずつ1周編み入れ、引き抜きます。

12 3段めは、立ち上がりの鎖1目編み、細編みを1目編みます。

13 3段めの最後の細編みを、未完成にしておきます。❸

14 新しい糸に針をかけます。❹

15 新しい糸を引き出します。

16 引き抜き編みします。

17 4段めも各目に細編み1目を編み、最後の細編みは未完成にしておきます。

18 もとの糸に針をかけます。

19 糸を引き出します。

20 引き抜き編みします。

21 5段めも各目に細編み1目を編み、引き抜きます。

22 6段めの立ち上がりの鎖1目を編みます。

23 1目めに細編みの未完成を編みます。❺

24 2目めにも細編みの未完成を編み、糸をかけます。

25 引き抜きます。細編み2目一度が編めました。

26 2目一度を8回編み、6段めが編み終わりました。

27 糸を中につめこみます。

28 糸を切って、引き出してとめます。

29 とじ針に糸を通し、最終段の細編みの頭の外側を、ぐるりとひろいます。

30 糸を引っ張って、口をしぼります。

31 糸どめしたのち、残り糸は中をくぐらせて切ります。

32 でき上がり。

パイナップルと
いちごの
ボトルブラシ

びんをゴシゴシ洗えるボトルブラシ。
いちごやパイナップルの楽しい形。

作り方…73〜75ページ

b

a

パイナップルといちごのボトルブラシ

▶ 使用糸　ハマナカラブボニー
　ⓐ パイナップル　黄(105)11g　緑(115)2g
　ⓑ イチゴ　朱赤(111)11g　緑(115)2g
▶ 資材　棒(歯ブラシ)各1本
▶ 使用針　かぎ針6/0号

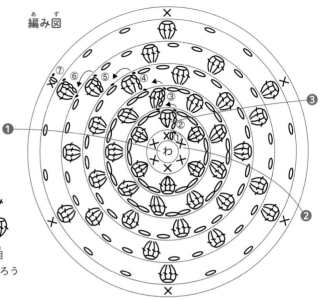

編み図

長編み4目の
パプコーン編み

束[そく]
でひろう

目
でひろう

❶～❸は編み図を
見ながら編んでね。

作り方　※作り方はパイナップルもいちごも同じです。

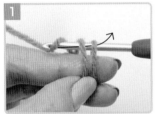
1 | 指2本に糸を巻き、針を入れて糸をかけ、矢印のように引き出します。❶

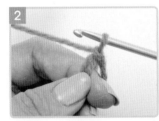
2 | 鎖編みを1目編みます。この目は1目とは数えません。

3 | 立ち上がりの鎖1目を編みます。

4 | 細編みを6目編みます。

5 | 糸はしを引っ張り、動く糸をさがします。

6 | 動く糸をつまんで引っ張ると、わが縮まります。

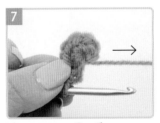
7 | 糸はしのほうを引っ張ると、6の糸も引きしまります。

8 | 1目めの細編みの頭に針を入れて引き抜きます。❷

パプコーン編み　の編み方

9 | 立ち上がりの鎖3目を編みます。❸

10 | あと3本の長編みを編みます。

11 | 針をはずして、最初の目(鎖3目)に入れ直します。

12 | 針先をループに通します。

パイナップルといちごのボトルブラシ

段数	目数
7	6目（−12）
6	18目（−9）
5	27目
4	27目
3	27目（+9）
2	18目（+12）
1	わに細編み6目 編み入れる

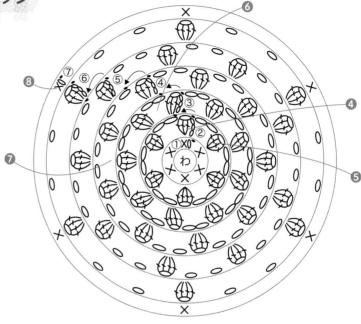

**長編み4目の
パプコーン編み**

束［そく］
でひろう　　目
でひろう

❶〜❽は編み図を
見ながら編んでね。

引き抜きます。

鎖1目を編んで引きしめます。

パプコーン編みが1目編めました。❹

鎖2目編みます。

パプコーン編み、鎖2目をくり返して2段めが編めました。❺

立ち上がりの鎖の3目めに引き抜きます。

間に渡してある鎖に引き抜き編みをして、立ち上がりをずらします。

立ち上がりの鎖3目を編みます。

鎖2目のところに、パプコーン編み・鎖2目・パプコーン編みを編みます。❻

次の鎖2目には、1目のパプコーン編みを編みます。❼

このくり返しで3段めを編みます。

4段めは、鎖2目のところに、1目ずつのパプコーン編みを編みます。

25 5段めも同様に、鎖2目のところに、1目ずつのパプコーン編みを編みます。

26 6段めは、前段の鎖2目にパプコーン編みを1目編みます。

27 次の鎖2目にパプコーン編みを1目編み、次の鎖2目をとばして次の鎖2目に1目編みます。

28 26・27のくり返しで6段めを編み、引き抜きます。

29 立ち上がりの鎖1目編みます。

30 前段のパプコーン編みの頭をひろって細編みを編みます。

31 細編みを6目編み、引き抜きます。❽

32 糸を切って引き出して、とめます。

🧶 葉を編む

1 立ち上がりのところに針を入れ、新しい糸を引き出します。

2 鎖11目編みます。❶

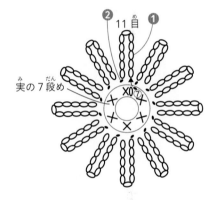

3 根元に引き抜きます。❷

4 前段の細編みの頭に2本ずつ計12本の鎖を編んで引き抜きます。

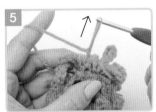

5 糸を切って引き出して、とめます。

6 口に歯ブラシを入れ込み、残り糸をとじ針に通して口をすくってしぼります。

7 糸はしを結びます。

8 残り糸は、本体の中に引き込んで始末します。

9 本体と同じ糸で、本体と歯ブラシを結んで固定します。

10 でき上がり。

かわうそくんの
シューキーパー

お出かけから帰ったら、
かわうそくんをお靴に入れてね。
防臭効果が期待できます。

作り方…77〜79ページ

かわうそくんのシューキーパー

▶ 使用糸（4体分） ハマナカラブボニー
　黄土（122）80g　からし（127）24g　こげ茶（119）46g　みずいろ水色（116）3g
▶ 資材 山高ボタン10mm 黒（H220-610-1） 8個
　　　アニマルノーズ12mm（H220-812-1） 黒4個
　　　ハマナカネオクリーンわたわた（H405-401） 100g

頭を編む

頭 黄土 4枚

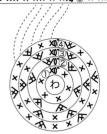

段数	目数
12	12目（−6）
11	18目（−6）
10	24目（−8）
9	32目
8	32目（+8）
7	24目
〜	増減なし
4	24目（+6）
3	18目（+6）
2	12目（+6）
1	6目

体を編む

体 からし 4枚

段数	目数
9	12目（−4）
8	16目（−8）
7	24目
〜	増減なし
3	24目（+8）
2	16目（+8）
1	8目

耳を編む

耳 黄土 8枚

段数	目数
2	9目（+3）
1	6目

足を編む

足 黄土 8枚

段数	目数
5	6目
4	6目
3	6目（−8）
2	12目（+6）
1	6目

細編み2目一度 ⋀ の編み方

細編みを未完成のまま、次の目にも未完成の細編みを編み、矢印のように一度に引き抜きます。

細編み2目一度が編めました。

かわうそくんのシューキーパー

🧶 手を編む

 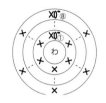

手 黄土 8枚

段数	目数
8	6目
〜	増減なし
1	6目

🧶 しっぽを編む

しっぽ 黄土 4枚

段数	目数
12	10目
11	10目
10	10目
9	10目（−2）
8	12目
〜	増減なし
3	12目
2	12目（+6）
1	6目

🧶 顔の作り方

1 目と鼻のパーツを用意します。左2個が目、金具と右が鼻。

2 鼻パーツの根元を編み地に差し込み、裏側で金具をはめます。

3 鼻がつきました。

4 頭、体、手足、しっぽにわたをつめます。

5 残り糸をとじ針に通し、頭と体をとじつけます。

6 糸はしは中に通して始末します。

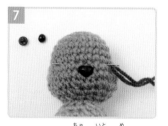
7 30cmのこげ茶の糸で目をつけます。目の位置に糸を通します。

8 とじ針に目のパーツを通します。

9 針をつけ位置にもどし入れ、反対の目の位置に針を出します。

10 もう1つの目を通し、糸を結びます。

11 糸をつけ位置にもどし入れ、口の刺しゅう位置へ出します。

12 糸を横へ渡し、鼻の下へ針を出します。

13 「へ」の字になるよう、針を糸にくぐらせます。

14 鼻の根元へもどし入れ、糸を頭の中に通します。

15 口の刺しゅうができました。

16 残り糸は、とじ針に通し、頭の中へ入れて始末します。

🧶 組み立て方

1 耳をまち針で固定します。

2 頭の編み地をすくいます。

3 耳の細編みの頭をすくい、巻きかがります。

4 耳がつきました。

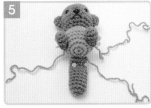

5 足としっぽをまち針で固定します。座るように調節します。

6 パーツの口をつぶして平らにし、細編みの頭を4本すくって体にとじつけます。

7 足としっぽがついたところです。

8 同様に手もとじつけます。

🧶 ブーツキーパー

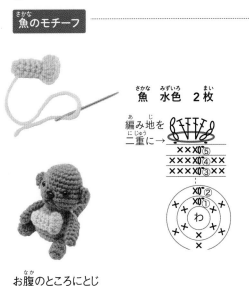

魚のモチーフ

魚 水色 2枚

編み地を二重に→

お腹のところにとじつけます。

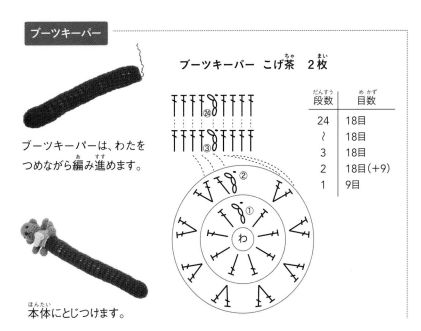

ブーツキーパー

ブーツキーパーは、わたをつめながら編み進めます。

本体にとじつけます。

ブーツキーパー こげ茶 2枚

段数	目数
24	18目
〜	18目
3	18目
2	18目(+9)
1	9目

minao（横田美奈）

大人になっても持ち歩きたくなる大人かわいいニット小物や、手に取ったときに笑顔を誘うあみぐるみの提案をしています。2002年ハマナカあみぐるみコンテストにて優秀賞受賞をきっかけにさまざまな企画展に参加。2008年ニットユニットminamiwaを結成。各地でニットカフェを始め、2014年minamiwaニットカフェ普及協会を設立。あみぐるみ・ニット小物作家・教室講師・ニットイベントの企画運営をしています。あみぐる＊みなお主宰。著書に『かぎ針で編むおとなのカーディガン、ボレロ、ジレ』（小社刊）ほか。
http://knit-minao.at.webry.info/

Staff

制作協力	鶴田八百子
撮影	白井由香里
スタイリング	西森萌
プロセス写真	本間伸彦
ブックデザイン	尾崎利佳（フレーズ）
編み図トレース	関和之　森崎達也　田村浩子
	（株式会社ウエイド　手芸制作部）
基本図作図	松尾容巳子（Mondo Yumico）
編集	大野雅代（クリエイトONO）
進行	鏑木香緒里
Special thanks	Airi.K

[この本でご協力いただいた会社]

ハマナカ株式会社
〒616-8585　京都府京都市右京区花園薮ノ下町2番地の3
FAX　075-463-5151
メール　info@hamanaka.co.jp
ハマナカコーポレートサイト
http://www.hamanaka.co.jp/

内藤商事株式会社
クラフト事業部
〒124-0012　東京都葛飾区立石8-43-13
TEL　03-5671-7110㈹　FAX　03-3694-7168
http://www.naitoshoji.co.jp

[撮影協力]

AWABEES
〒151-0051　東京都渋谷区千駄ヶ谷3-50-11　明星ビルディング5F
TEL.03-5786-1600　FAX.03-5786-1605

ゆびあみとかぎ針で編むエコたわし＆クリーナー
はじめてのあみものBOOK

2020年12月15日 初版第1刷発行
2024年 4 月15日 初版第2刷発行

著　者	横田美奈
発行者	廣瀬和二
発行所	株式会社日東書院本社
	〒113-0033 東京都文京区本郷1-33-13　春日町ビル5F
TEL	03-5931-5930（代表）　FAX 03-6386-3087（販売部）
	URL http://www.TG-NET.co.jp
印刷	三共グラフィック株式会社
製本	株式会社ブックアート

【読者の皆様へ】
本書の内容に関するお問い合わせは、お手紙または
メール（info@TG-NET.co.jp）
にて承ります。恐縮ですが、
電話でのお問い合わせはご遠慮ください。
『ゆびあみとかぎ針で編むエコたわし＆クリーナー
はじめてのあみものBOOK』編集部